A Andrei

+ Carolie

Für meine Söhne Valentin und Tamino

Konstantin Wecker

Auf der Suche nach dem Wunderbaren

Poesie ist <u>Widerstand</u>

Mit einem Vorwort
von Gerald Hüther

Inhalt

Poesie ist Dynamit für alle Ordnungen
dieser Welt.

Heinrich Böll

Es gibt nur zwei Arten zu leben.
Entweder so, als wäre nichts ein Wunder,
oder so, als wäre alles ein Wunder.

Albert Einstein

Die POESIE findet sich nicht ab (im Gegensatz
zur Politik) mit dem Machbaren; sie kann nicht
lassen von der Trauer, dass das Menschsein auf
dieser Erde nicht anders ist.

Max Frisch

Wer dichtet, der widersetzt sich der Willkür
und dem Chaos. Lyrik ist Lebensbejahung,
eine Antwort auf Bedrohung und Gefährdung.

Marcel Reich-Ranicki

Wie eintönig und grau wäre das Leben, wenn
es die Poesie nicht gäbe? Es wäre eine nur noch
auf Zweckdienlichkeit und Effizienz ausgerich-
tete Welt. Überall asphaltierte Straßen, indus-
triell bewirtschaftete Felder, zubetonierte Flä-
chen, begradigte Flussläufe und in den Städten
lauter mit irgendetwas Wichtigem beschäftigte
Menschen. Es gäbe keine Schlüsselblumen und
Margeriten mehr draußen auf den Wiesen,
keine bunten Schmetterlinge, keine den Himmel mit ihrem Gesang erfüllenden Feldlerchen.
Und Maikäfer auch nicht. Alles unprofitable,
sagt der Homo oeconomicus und zieht unbeirr-
bar mit seiner Spritzmaschine durch die Felder.

Unsere Kinder sind unsere Zukunft, sagen
sogar die Politiker und versprechen bessere
Schulen und noch mehr naturwissenschaft-
lich-technischen Unterricht, um sie fit zu machen für die Welt von morgen.

Wie die Obstbauern, die ihr Spalierobst so behandeln, dass es ihnen größtmögliche Erträge liefert. Nach Bildungsstandards genormt und Pisa-geprüft.

Wenn wir dem Homo oeconomicus Einhalt gebieten wollen, brauchen wir dazu eine Waffe, über die er nicht verfügt und deren Wirkkraft er nicht gewachsen ist. Am besten eine, mit der er überhaupt nichts anzufangen weiß. Es gibt so eine Wunderwaffe. Sie heißt Kreativität und sie entfaltet sich immer dann, wenn wir zweckfrei zu spielen beginnen. Wir können das auch mit Gedanken, Worten und Begriffen machen. Dann nennen wir dieses Spiel Poesie. Aber nicht jedes Wortspiel ist Poesie. Um Poesie zu einer kreativen Kraft werden zu lassen, reicht es nicht, schöne Worte aneinanderzureihen.

Zu einer Waffe wird die Poesie erst dann, wenn sie unter die Haut geht und die Menschen tief in ihrem Inneren berührt. Sie wieder mit sich selbst, mit ihren ganz unten im Gehirn abgelegten Hoffnungen und Sehnsüchten verbindet. Dann kann es passieren, dass eine solche Person aufwacht und bemerkt, dass sie ihr Leben auf eine Weise eingerichtet hat, wie sie gar nicht Leben wollte. Sie ist dann wieder zur Besinnung gekommen. Ist wieder in der Lage, das Wichtige vom Unwichtigen zu unterscheiden – und manchmal ändert sich allein dadurch schon das ganze Leben.

Nicht jeder, der Gedichte schreibt, versteht sich als Waffenschmied. Aber Konstantin Wecker ist einer, der mit dem Herzen die Kunst erlernt hat, die Poesie als Zauberschwert zu nutzen. Er ist ein widerständiger Poet und ein poetischer Widerständler.

Alle Menschen kann auch er mit seinen Texten und Liedern nicht berühren. Aber manche schon. So wie mich, zum Beispiel. Stecken Sie sich dieses kleine Buch in die Tasche. Und holen Sie es heraus, wenn Sie merken, dass es Zeit für Sie wird aufzustehen.

Göttingen, im Frühling 2018   *Gerald Hüther*

Eine Erklärung

....

Nichts ist erklärbar.
Nur im Unsichtbaren
lernen wir zu sehen.

Auch wenn ich mal etliche Semester in München Germanistik studiert habe und mich in ein paar Rilke-Seminaren als Enfant Terrible rumgetrieben habe – ich bin beileibe kein Germanist.

Und wenn ich hier über Poesie schreibe, dann als Poet und nicht als Poetologe.

Und wenn ich über Widerstand schreibe, dann weil ich die Kunst des Widerstehens im Laufe meines Lebens, ob aus freiem Willen oder unfreiwillig, lernen durfte.

Und immer noch, mit vielen Rückschlägen natürlich, zu lernen versuche.

Poesie und Widerstand – auf den ersten Blick passen diese Worte nicht zusammen.

Poesie gilt gemeinhin als etwas die Seele Aufbauendes, Tröstendes, ausschließlich der Schönheit Verpflichtetes.

(Auch wenn ein kurzer Blick in die Gedichtwelt der MeisterInnen das sofort widerlegen würde.)

Widerstand hingegen wird gern im ausschließlich Politischen verortet, oftmals respektvoll wie bei den Widerständlern der Nazizeit, meist aber doch

11

eher skeptisch beäugt, wenn es darum geht, das bestehende System zu verteidigen.

Dabei ist Widerstehen erst einmal eine unerlässliche, immer wieder neu aufzufrischende Lebenshaltung, um sich nicht einfach allem zu beugen, was einem als selbstverständlich aufgetischt wird. Ich hatte das Glück, einen antiautoritären Vater haben zu dürfen und eine äußerst kämpferische Mutter, eine für ihre Generation erstaunlich selbstbewusste Frau.

Widerstand ward mir in die Wiege gelegt durch antifaschistische Eltern und einen Vater, der im Zweiten Weltkrieg den Dienst mit der Waffe verweigerte. Und wie durch ein Wunder überlebte.

Und so durfte ich auch diesen Eltern immer wieder widerstehen. Das hab ich dann auch oftmals geradezu schamlos ausgenutzt.

Antiautoritäre Erziehung erfordert eben auch die Größe, den eigenen Kindern zu gestatten, sich gegen die väterliche oder mütterliche Autorität aufzulehnen.

Jede Erziehung, die zum unbedingten Gehorsam

aufruft, ist eine Erziehung zum Unmenschlichen und führt in die totale Entfremdung des eigenen Seins.

Sie schafft ausschließlich Untertanen, denn auch die Anführer sind im Grunde ihres Herzens nur Untertanen ihrer Ideologie, ihres Wahns, ihrer dogmatischen Weltsicht.

Die meisten Diktatoren bezeichneten sich ja auch gern als Erfüllungsgehilfen des Weltenlaufs, des universalen Gesetzes oder irgendeines wie auch immer benannten Gottes.

Untertanen, Knechte – keiner ein Prometheus.

»Poesie und Widerstand« heißt mein jüngstes Konzertprogramm und ich bedanke mich jeden Abend am Ende des Konzertes für das Geschenk, ein Publikum haben zu dürfen, das über drei Stunden Gedichten zuhört.

Der große Cellist Pablo Casals soll einmal gesagt haben, es sei nicht der Applaus, es sei die Stille, die den Künstler ehrt.

Und genau eine solche Stille in manchen Momenten eines turbulenten Konzertabends kann auch der fruchtbare Nährboden des furchtlosen Widerstands sein.

In ihr ist die Poesie zu Hause und in ihr erst erkennen wir den lärmenden Unsinn einer sich selbst viel zu ernst nehmenden Welt.

Dieser Aufschrei, dieser anarchische Psalm ist nun mal keine wissenschaftliche Abhandlung und sehr subjektiv.

Er ist aus einer spontanen Empfindung geschrieben, um all das los zu werden, was seit langem in mir gärt.

Und ich denke, so allein stehe ich nicht mit der grundlegenden Richtung meines Pamphlets.

Immerhin geht es mir hier um die Umwortung aller Worte (vielleicht dadurch auch um die Umwertung aller Werte :) – ein sicher nicht unobszönes Unterfangen.

Und mir ist bewusst, dass ich mich angreifbar mache.

Aber ich kämpfe ja auch gegen ein Monstrum: gegen eine Weltanschauung, die als ewig gefestigt, in Stein gemeißelt und unverrückbar erklärt wird.

Da braucht man als David halt manchmal eine verbale Steinschleuder, um den Goliath wenigstens ein bisschen ins Grübeln zu bringen.

Also heut: zum Ersten, Zweiten, Letzten:
Allen Durchgedrehten, Umgehetzten,
was ich, kaum erhoben, wanken seh,
gestern an und morgen abgeschaltet:
Eh dein Kopf zum Totenkopf erkaltet:
Bleib erschütterbar – doch widersteh!

Peter Rühmkorf

Widerstand ist ein Menschenrecht
und wir werden ohne Widerstand
dem Gehorsam
keine geeignete Antwort
entgegensetzen können.
Und je älter ich werde
desto sicherer bin ich mir
dass der Gehorsam
dieser bedingungslose Gehorsam
einem anderen Menschen gegenüber –
welche Rangordnung auch immer
er in der jeweilig anerkannten
Gesellschaftsordnung einnimmt –
ja, dass dieses Eichmann'sche Kopfeinziehen
diese »Banalität des Bösen«
dieses geduckte und stramme
Gehorchen wohl eines der Grundübel
unseres ausschließlich auf Macht basierenden
menschlichen Zusammenlebens ist.
Oh ja,
es gibt auch andere
anarchische

herrschaftsfreie Modelle
und sie werden auch immer noch gelebt.
Aber in unserem Universum
der ach so freien Welt
werden sie boykottiert
und systematisch schlecht gemacht.
Und was hat das nun alles
mit Poesie zu tun?
Mehr, als man anfänglich zu glauben
bereit wäre.
Poesie lehrt uns,
dass Worte nur Symbole sind.
Keine Wahrheit,
kein Dogma,
nichts Endgültiges, Unzerstörbares:
nur Symbole.
Das wollen uns auch die Buddhisten erklären,
wenn sie sagen:
»Der Finger, der auf den Mond zeigt,
ist nicht der Mond.«
Und das Wort Mond
ist natürlich genauso wenig der Mond.

Es ist ein Symbol
für ein scheinbar am Himmel sich bewegendes,
nachts manchmal bedrohlich,
manchmal beglückend scheinendes Licht.
Und jeder Mensch auf der Welt
assoziiert mit diesem Wort
eine eigene Geschichte,
eigenes Erleben,
eigene Sehnsüchte.
Wir können uns im Gespräch
mit Gleichgesinnten
schon nur vage einigen
auf eine Interpretation,
die allen gerecht wird.
Wie erst in einer Gesellschaft mit kulturell
und auch ideologisch völlig anders
geschulten, anders erzogenen,
anders gebildeten Menschen?
Die Poesie lehrt uns,
dass nichts zu Ende interpretierbar ist
und dass man die Interpretationshoheit
nicht den Herrschenden überlassen darf.

Ein Rilke-Gedicht,
das du mit 17 gelesen und geliebt hast,
wird dir auch noch nach Jahrzehnten
vertraut und lieb sein.
Dennoch liest es sich jetzt anders,
versteht man es anders,
je nachdem,
was man in diesen Jahren erlebt,
gelebt und erfahren hat.
Die gleichen Worte.
Und oft ein neuer Sinn.
Die Worte leben in dir weiter,
entwickeln sich, gestalten sich um.
Was für dich in der Jugend Liebe bedeutete,
wird sich im Alter
erhöhen und erweitern
und aus dem engen Kontext des persönlichen
Begehrens befreien.
Und so geht es uns mit allen Worten:
Sie wandeln sich, wenn wir uns wandeln.
Sie erstarren zu Parolen,
20   wenn wir erstarren.

Und die Worte streichen aus
was in ihnen ruhte.
Steigen über uns hinaus
heim ins Absolute.

In einer Welt, deren einziges Ziel
es zu sein scheint,
sich hemmungslos
und über alle Grenzen der Menschlichkeit
hinweg materiell zu bereichern,
in einer extrem sinnlosen Welt –
da ja materielle Bereicherung
kaum Sinn gebend sein kann –
ist Poesie ein Anker und ein Wegweiser.
Um es ganz deutlich zu sagen:
Die Poesie ist anarchisch!
Sie lässt sich nicht zwängen
in ein ideologisch starres Gebäude,
selbst wenn sie sich ab und an
sogar darin wiederfindet.
Die Poesie singt,
weil sie ein Lied hat,
nicht weil es gefällt.
Natürlich gibt es schlechte Gedichte,
emsig Bemühtes,
Gedichte, denen man sofort anmerkt,
dass sie geschrieben wurden, um zu gefallen.

Entweder irgendwelchen Geldgebern,
oder einfach nur dem Publikum,
oder gern auch den durchaus studierten
Herren und Damen Poetologen.
Deren Ansprüche setzen bekanntlich
stets Maßstäbe
und da kann man sich nicht einfach
seinen zutiefst aus dem Innersten
strömenden Reimen widmen,
da gilt es
intellektuelle Forderungen zu erfüllen:
Singen, weil es denen gefällt.
Aber das ist nicht wirklich das Wesen
der Poesie.
Poesie –
das sind nicht nur Verse, Reime
und Sprachbilder:
Poesie ist eine Lebensweise.
Die Heimat der Poesie ist eine geistige,
sie kommt aus der Welt des Namenlosen,
Unbenennbaren,
aus der Welt des Numinosen.

»Der Geist, den man erklären kann,
ist nicht der ewige Geist.
Der Name, den man nennen kann,
ist nicht der ewige Name« –
so liest man's im Tao-Te-King
seit Jahrtausenden –
und nichts hat sich geändert.
Es gibt nichts wirklich zu erklären.
Es gilt zu lauschen.
Den Bäumen, den Felsen,
den Flüssen und Meeren,
den Winden, den Sternen, den Tieren
und der inneren Stimme der Menschen.
Und das, was sie uns sagen,
können Worte vermitteln.
Nicht erklären.
Wie Melodien in uns etwas zum Klingen
bringen:
die Schönheit, der wir alle entstammen,
die Schönheit,
die Neugeborene und kleine Kinder
noch auf ihren Gesichtszügen widerspiegeln.

Wenn das nicht Widerstand ist –
Widerstand gegen eine Welt der Kriege
und Eitelkeiten,
des Neids und der Missgunst,
gegen eine zutiefst ungerechte
und dumme Welt,
deren Jünger glauben,
der Verstand könne auch nur annähernd
irgendetwas von dieser Schönheit begreifen.
Ja, wir brauchen den Verstand,
wir müssen uns von A nach B bewegen,
wir müssen Einkaufszettel schreiben,
meinetwegen auch immer neuere
Maschinen konstruieren,
Handys, Computer, Sonnenliegen –
aber für was
verwenden wir unseren Verstand
denn hauptsächlich?
Für das, was er zur Zeit am besten kann:
das Ego aufblähen,
die Welt zerstören
und alles Lebendige vernichten.

Ein nützliches Werkzeug kann er auch sein,
der Verstand,
aber nur wenn er angebunden ist
an das Wunderbare,
Poetische
und Nutzlose.
An den Urgrund allen Seins:
die Liebe.
Wortfetzen,
ja, sicherlich,
aber was können Worte denn anderes
als hinweisen,
Wegweiser sein für das Sprachlose.
Wenn wir wirklich Glückseligkeit empfinden,
nicht dieses zerstörerische,
stets vergängliche Glück
des Habens und der Fleischlichkeit,
dann ist dieser Zustand immer sprachlos.
Sobald wir ihn benennen,
ist der Augenblick schon vergangen.
Das, was wir sind, sind wir ohne Worte.
Mit Worten beschreiben wir uns nur.

Warum dann noch Poesie?,
kann man nun zurecht einwenden.
Gedichte sind doch aus Worten gefügt.
Am besten gelingt es mir,
das Wesen der Poesie
mit Hilflosigkeit zu beschreiben.
Eine äußerst wichtige Hilflosigkeit,
denn erst wenn wir sie als solche
erkannt haben,
können uns die Worte der Poeten helfen,
in ihnen den Hinweis auf das Wesentliche
zu erahnen.
Ein Hinweis,
der in uns das zum Klingen bringt,
was wir oft allzu wortgewaltig
in uns erstickt haben.

Die Herren pokern, ihre Welt
schneit unsere Herzen langsam ein.
Jetzt kann nur noch die Fantasie
die Sterbenden vom Eis befrein.

Darf ich mir Luft machen?
Ich muss,
denn bald ersticke ich
an all diesen subtilen Taktiken und Strategien,
die einzig ersonnen wurden,
um den Mächtigen mehr Macht zu verleihen
und die Ohnmächtigen ihrer Stimme
zu berauben.
Ich bin ein Träumer,
Utopist, Fantast.
Ich bin naiv und habe mich nie geschämt dafür.
Und ich glaube,
damit stehe ich nicht allein
in dieser korrupten Welt.
Und ich gebe hier Laut,
nicht weil ich mich für unfehlbar halte,
sondern weil auch die Verlierer,
die seitlich Umgeknickten,
die nicht immer obenauf Schwimmenden
ein Recht haben auf ihre Sicht der Welt.

Was soll denn diese kriecherische Anbetung

von Markt und Nutzen,

Gewinn und Rendite,

Erfolg und gutem Aussehen bewirken?

Glückliche Menschen generieren?

Auf dem Buckel der Zurückgelassenen,

ins Abseits Gestellten,

Ausgebeuteten,

Loser?

Glücklich?

Dass ich nicht lache.

Glück hat nichts zu tun

mit einem Job an der Wall Street,

mit einem Posten

als Vorstand eines erbarmungslosen Konzerns.

Glücklich kann der Mensch nur sein,

wenn um ihn herum auch eine

glückliche Menschheit ihr Leben leben kann.

Wenn er die Unkenntnis

seines eigenen wahren Wesens überwindet

und den Irrglauben,

30 er sei ein von den Anderen getrenntes Ich.

Was ich mir erträume,
ist mehr als eine Revolution.
Es ist die totale Umwälzung der Werte
unserer wertlosen Gesellschaft.
Es sind Menschen,
die miteinander suchen,
hoffen,
sündigen,
verzeihen.
Menschen, die sich anlächeln,
statt sich im Wettbewerb
um den besseren Job fast umzubringen.
Menschen,
die tanzen,
wie junge Hunde das tun,
wenn sie endlich auf die Wiese
gelassen werden.
Habt ihr das schon einmal gesehen?
Ja, sie tanzen und springen
um die eigene Achse,
immer und immer wieder
aus lauter Freude am Sein.

Am einfach nur da sein.
An einem Leben ohne Leine.
Kinder,
die sich umarmen, ohne zu fragen,
wer mehr Geld hat,
wer welche Hautfarbe hat,
wer schöner ist oder klüger.
Ja, Freunde,
ich will eine tanzende Menschheit.
Brüder und Schwestern,
die sich nicht beneiden,
sondern am Glück des anderen erfreuen.
Naiv?
Na und!
Was soll das für eine Welt sein,
in der man nicht mal naiv träumen darf,
ohne verspottet zu werden?
Wir müssen aussteigen
aus diesem tödlichen Gewirr von Sachzwängen
und scheinbar schlüssigen Argumenten.
Tanzen heißt,

sich auch vom strengen Korsett

des vorgegebenen Liedes
befreien zu können.
Hüpfen, springen,
immer und sofort in den Himmel hinein.
Das ist die Poesie, die ich meine.
Die Poesie der Freude,
die uns diejenigen immer wieder
ausreden wollen,
die glauben,
es ginge ihnen besser,
wenn sie andere unterdrücken.
Ich will keinen Herrn über mir,
ich will keinem Götzen dienen,
der mich zur Eissäule verdammt,
nur weil er meine Lebendigkeit fürchtet.
Ich will in keiner Gesellschaft leben,
in der all jene am miesesten entlohnt werden,
die die wirklich wichtige Arbeit verrichten:
Krankenpflegerinnen,
Altenpflegerinnen,
Hospizarbeiterinnen
und so viele mehr.

Und wo die unwichtigsten,
ja meist schädlichsten Berufe
am besten bezahlt werden.
Ich will in einer Welt leben,
in der man das alles aussprechen darf,
ohne als Spinner geschmäht zu werden
oder als Terrorist auf die schwarze Liste
gesetzt zu werden.
Ich will in einer Welt leben,
in der solche völlig normalen
und menschlichen Ansichten nicht
als unvernünftig niedergeredet werden.
Nur weil sie dem Abgott Markt nicht dienen.
Sich nicht vor den Tempeln des Konsums
zu Boden werfen.
Keine Schmiergelder einstecken.
Ich will lieber wahnsinnig werden,
als mich diesem sinnlosen Wahn zu beugen.

Erst wenn Gedichte und Geschichten
das Herz wieder gerade richten,
wenn wir den eignen Melodien
nicht mehr so hilflos taub entfliehen,
wenn nicht das Streben nach Gewinn
des Lebens kläglich karger Sinn
und wir an Zins und Dividenden
keinen Gedanken mehr verschwenden,
wenn die so singen oder küssen,
mehr als die Tiefgelehrten wissen,
dann fliegt von einem geheimen Wort
das ganze verkehrte Wesen fort.

Novalis/Wecker

Überhaupt – die Vernunft!
Erinnert ihr euch?
Worte sind Symbole!
Wer hat nicht alles im Laufe der Geschichte
die Vernunft für sich beansprucht
und in Beschlag genommen!
Und wie oft stellte sich doch im Nachhinein
vieles davon
als restlos unvernünftig heraus.
Es gilt ja heutzutage in gewissen Kreisen
als völlig vernünftig, die Umwelt zu zerstören
und alles Leben auf diesem Planeten
systematisch zu vernichten.
Nun – jedenfalls sitzen da doch Hochgelehrte,
studierte,
kluge und vernünftige Menschen
in den Vorstandsetagen
bei Monsanto und Bayer
und Audi und der Deutschen Bank
und bei Heckler und Koch
und wie die Kriegs- und Umweltverbrecher alle
so heißen.

Wir müssen aussteigen
aus diesem verrückten Denksystem.
Lasst euch anstecken,
greift dem Rad in die Speichen:
Verweigert euch.
Widersteht!
Meine Hoffnung ist beileibe
keine blutige Revolution –
Blut kann man nicht mehr reinwaschen,
es bleibt für immer Blut.
Meine Hoffnung
ist eine Revolution des Geistes,
eine zärtliche Revolution,
die niemanden hasst,
sondern alle mitzunehmen versucht.
Ein anderes, wirklich neues Denken ist gefragt,
das man nicht groß studieren muss,
das sich von selbst ergibt,
wenn man dem »marktgerechten« Wahn
das Prunkgewand abstreift,
das er sich übergestülpt hat,
um uns zu imponieren:

Ein Kleid aus Nippes und Tüll –
alles Camouflage!
Dieses andere Denken erfahren wir,
wenn wir wieder lernen,
mit dem Herzen zu denken.
Tief in uns selbst verborgen ist es,
dieses Denken,
und die Poesie hilft uns,
den Weg dorthin zu entdecken.
Wir leben in einer imperialistischen
Gesellschaft,
beherrscht von mächtigen Protektoren.
Und Imperialismus bedeutet
immer auch zugleich
Imperialismus der Sprache:
Politikersprache,
Wirtschaftssprache,
die Sprache »eingebetteter« Medien,
Framing.

Diese Sprachverödung
ist keine »Äußerlichkeit«,

sie wirkt tief hinein
bis zur Deformation unserer Seelen.
Es braucht eine neo-frühromantische
Gegenbewegung,
eine Wiederpoetisierung der Realität,
bei der Sprache und Musik
eine wesentliche Rolle spielen.
Novalis sprach zu Beginn des 19. Jahrhunderts
von der »Poetisierung der Welt«.
Was für ein wunderschöner Gedanke:
an Stelle des unsäglichen
Politiker-Macho-Gestammels –
Neruda und Brecht,
Arendt und Kaléko!
Hannah Arendt bringt gegen Platons Verdikt,
alle Dichter würden lügen,
die Dichter gegen die Philosophen in Stellung:
»Nur von den Dichtern
erwarten wir Wahrheit,
nicht von den Philosophen,
von denen wir Gedachtes erwarten.«
Und nicht von den Politikern und Managern,

Moderatoren, Aktienratgebern
und PR-Fachleuten.
Wahrheit kann aber noch so viel mehr sein:
das, was »die Welt
im Innersten zusammenhält«,
wie wir es bei Goethe lernten,
und das, was unser Innerstes
mit dem wirklich Seienden verbindet.
Oh,
ich höre sie schön zähneknirschend
aufschreien,
die Wächter der Realität,
sie bekommen einen Ausschlag
bei dem »wirklich Seienden«,
wenn sie ihn nicht schon
beim »Innersten« bekommen haben.
Klar lässt das Seiende
unzählige Deutungen zu –
aber ist das nicht mit allen Worten so,
wenn man sie beim Wort nimmt?
Eine poetische,

stets neu zu interpretierende Sprache

kann nun mal nicht
marktschreierisch angepriesen werden,
ist nicht vermarktbar,
nicht verkaufbar,
bringt nichts ein.
Gedichtbände führen ein Schattendasein
im großen Geschäft des Buchmarktes
und Poesie,
gar wenn sie noch sperrig ist,
nicht dem Zeitgeist in den Arsch kriecht,
nicht das gängige Bild der Welt mitträgt,
ist nun mal nicht
wie ein Arzneimittel patentierbar.
Poesie heilt,
ohne dass Bayer dran verdienen kann.
Sie macht uns reich,
ohne dass sich jemand dran bereichern kann.

Der Club der toten Dichter
Ein Zwischenspiel

Und das soll dann alles gewesen sein –
Glück und Tränen verflogen?
Einsilbig alles zu Ende gedacht
und um Ewigkeiten betrogen?

Als ich noch ein Gymnasiast war, hatten wir einen kleinen »Club der toten Dichter«:

Wir waren an die zehn lyrikbegeisterte Schüler und trafen uns, um uns Gedichte vorzulesen – die unserer Lieblingsautoren, aber auch eigene – und um viel Bier zu trinken.

Wir schwärmten von den Expressionisten und Dadaisten, von Morgenstern, Rimbaud und Baudelaire, Prévert und Ungaretti, aber auch von Schiller und Novalis, Gryphius und Romain Rolland und nicht zu vergessen:

Oskar Maria Graf und Henry Miller, Bloch und Walter Benjamin, Friedell und Arendt – so bunt gemischt und ohne zeitliche Ordnung war die Palette geliebter Meister.

Und unsere eigenen Werke, die wir uns oft ziemlich melodramatisch um die Ohren schlugen, waren natürlich unüberhörbar beeinflusst vom jeweiligen Lieblingsautor.

Dann begannen wir, kleine szenische Darbietungen einzustudieren, um sie in Kneipen und auf der Straße spontan und stets uneingeladen vorzutragen.

Vielleicht war das ja der bayrische Ursprung der Slam-Poetry…

Unvergessen bleibt mir unsere Performance des Morgenstern-Gedichtes »Der Rabe Ralf«:

Der Rabe Ralf
will will hu hu
dem niemand half
still still du du
half sich allein
am Rabenstein
will will still still
hu hu

Wir führten es szenisch auf, brüllten, heulten und machten mit dem Mund BeatBox ähnliche Geräusche, trommelten auf Tischen und Hockern und improvisierten noch eigene Texte dazu.

Was waren das für spontane und fröhliche Aktionen, mit denen wir oft Menschen verwirrten, die so etwas noch nie erlebt oder gar gelesen hatten.

Bunte Kleidung und unerlaubt lange Haare, oft tanzten wir miteinander, uns unsere eigene Musik vorsingend und trommelnd.

Und damals galten wir ja wirklich als Bürger-
schreck, das war ungeheuerlich, staatszersetzend,
anarchisch.
Dem »Bürger flog vom spitzen Kopf der Hut« und:
»In allen Lüften hallt es wie Geschrei,
Dachdecker stürzen ab und gehn entzwei
und an den Küsten – liest man – steigt die Flut.«
Jakob van Hoddis, Hans Arp und seine sprach-
zersetzende Anna Blume, ja, wir wollten sie
schrecken, die Bürger, aber auch wecken und das
ausschließlich mit Poesie.
Wir waren ihnen nicht feindlich gesonnen, wir
wollten sie mitnehmen auf unsere Reise, begeis-
tern, erwärmen.
Wir hatten's nicht so mit den Ideologen, die dann
ein paar Jahre später aus den blühenden Feldern
der Vor-68er-Anarchos entsprangen und sie zum
poetischen Brachland machten.
Ja, sicher, politisch war das durchaus,
was wir taten,
und wir redeten uns nächtelang die Köpfe heiß –
aber immer wieder waren uns dann atemberau- **45**

bende Verse ein Anker, um nicht im ideologischen Sumpf zu ersticken.

Und es war stets diese spielerische Begeisterung für das sogenannte Unnütze, die uns so mit Freude erfüllte.

Die Nützlichkeit des Unnützen, wie es Nuccio Ordine so treffend beschreibt.

Ja, vielleicht war gerade diese intensive Beschäftigung mit diesen ach so unnützen Gedichten, mit denen ja niemand eine Mark verdienen kann, die einem bei der bürgerlichen Karriere eher hinderlich sind, die vielleicht ganz nett, aber doch nicht wirklich profitabel sind und die, wie es ja immer wieder heißt, die Welt auf keinen Fall ins rechte Lot bringen können – vielleicht, nein, ganz sicher war es diese spielerische, träumerische Begeisterung, die uns alle damals zu wahrhaftigen Revolutionären machte.

Mir leuchtete es noch nie ein, dass jemanden zu erschießen oder in die Luft zu sprengen, auch wenn dieser jemand ein echter Dreckskerl ist, dass das eine revolutionäre Tat sein soll.

Andere umzubringen ist seit jeher
ein altbewährtes Mittel der Mächtigen.
Wer sich dessen bedient,
unterscheidet sich nicht von ihnen.
Für mich ist ein Revolutionär nur der, der sich all
dem entzieht,
was allgemein dem Machterhalt dient.
Wer sich befreit vom Herkömmlichen.
Vom Hass.
Vom Auge um Auge.
Vom Patriarchat.

Nein, ich hör nicht auf
zu träumen
von der herrschaftsfreien Welt

Nein, ich hör nicht auf zu träumen
von der herrschaftsfreien Welt,
wo der Menschen Miteinander
unser Sein zusammenhält.

Lasst uns jetzt zusammen stehen
es bleibt nicht mehr so viel Zeit,
lasst uns lieben und besiegen
wir den Hass durch Zärtlichkeit.

Und dieses Träumen
war und ist und bleibt
mein ganz persönliches »Prinzip Hoffnung«.
Ernst Bloch spricht von der Hoffnung
als einer »konkreten Utopie«,
er wollte zeigen,
dass die Utopie keine Schimäre,
sondern eine reale Möglichkeit ist.
Und Erich Fromm schreibt:
»Hoffen heißt,
jeden Augenblick bereit sein für das,
was noch nicht geboren ist,
und trotzdem nicht verzweifeln,
wenn es zu unseren Lebzeiten
nicht zur Geburt kommt.«
Vermutlich lässt mich die Begegnung
mit meinem Publikum weiter träumen
und hoffen, dieses immer wieder
aufs Neue Erleben-Dürfen
und dass so viele warmherzige Menschen
die gleiche Sehnsucht haben wie ich.
Nicht immer die gleiche Meinung.

Ich könnte mir vorstellen,
dass auch ich zum verzweifelten Zyniker
werden könnte, wenn ich nicht
durch meinen Beruf die große Chance hätte,
mich mit so vielen Menschen
austauschen zu können,
und ja: sie zu umarmen.
Von ihnen umarmt zu werden.
Als 17-jähriger glühender Bewunderer
Henry Millers
las ich bei ihm,
der wahre Künstler habe gleichsam
die Verpflichtung,
Anarchist zu sein.
Und das hat mich bis heute geprägt.
Immer wieder musste ich
mich rechtfertigen dafür,
dass ich im Grunde meines Herzens
ein Anarchist sei.
Aber:
Der Traum
von der herrschaftsfreien Gesellschaft

ist keine starre Ideologie,
das wäre ein Widerspruch in sich.
Er ist schlicht und einfach geboren
aus dem Gefühl,
dass kein Mensch das Recht haben darf,
über andere zu herrschen,
ihnen zu befehlen,
sie zu knechten
oder gar zu bedingungslosem Gehorsam zu
zwingen.
»Wider den Gehorsam« –
eines der letzten Bücher
des unvergessenen Arno Gruen
hat mir da noch einmal die Augen
weit geöffnet.
Und drum lasst uns jetzt über unser Recht auf
eine herrschaftsfreie Gesellschaft sprechen
und die Notwendigkeit,
dies den Potentaten dieser Welt
immer und immer wieder entgegenzuhalten.
Mein Vater sagte mir,
er habe im Dritten Reich

den Kriegsdienst verweigert,
weil er sich,
nachdem sie ihn eingezogen hatten,
fünf Tage von Vollidioten habe anbrüllen
lassen müssen.
Dann ist er desertiert.
Eine konsequente,
damals lebensgefährliche Haltung.

Mir wird immer unerklärlich sein,
wie sich ein Menschenkind auch noch freiwillig
in die Situation begeben kann,
irgendwelchen potenziellen Psychopathen
hilflos ausgeliefert zu sein.
»Legt an, Gewehr ab, hinlegen, aufstehen« –
alles Befehle,
die in dem Moment
nicht hinterfragt werden dürfen,
sondern ausgeführt werden müssen.
Bitte lasst es euch auf der Zunge zergehen:
Befehle sind auch nur Worte
und auch nur Symbole,

und sie müssen,
nein, sie dürfen nicht so interpretiert werden,
wie es die Befehlenden
meist brüllend anordnen.
Folgende Möglichkeit wäre äußerst amüsant
in militärischen Kreisen:
»Legt an« – heißt für mich,
legt das Gewehr an den nächsten Schrottplatz.
»Gewehr ab« –
vielleicht ab jetzt
nie mehr in die Hand nehmen?
»Hinlegen« – ja gerne,
unter den nächsten Maulbeerbaum
zum Träumen.
»Aufstehen« – ja aufstehen:
wider den Gehorsam!!!

Revolution der Zärtlichkeit

Das wird eine schöne Zeit,
wenn mich Melodien
fort von hier, hin zu dir tragen.

Du hältst die Flügel bereit und machst,
dass die Kirschbäume blühn.
Unten gaffen die Wärter und klagen.

Das wird eine schöne Zeit,
wenn Krieger vor Liedern fliehn
und Waffen Gedichten erliegen.

Du hältst die Flügel bereit:
Wenn wir fallen, bleibt immer noch Zeit,
uns endlich unendlich zu lieben.

Warum eine Revolution der Zärtlichkeit?
Warum eine zärtliche Revolution?
Weil wir die Harten und Unerbittlichen,
die Mächtigen und Uneinsichtigen,
die Herrschenden und uns Beherrschenden
nie mit ihren eigenen Waffen schlagen werden.
Ihrer ist das Weltenreich
und ihrer ist das Wissen
um die Beherrschung der Todesinstrumente,
des Kriegerischen,
des gewalttätigen Kampfes.
Ihrer ist das Wissen
um Bestechung und Unterdrückung,
Gewinnmaximierung und Unterschlagung.
Angst macht ihnen die Poesie,
nicht die Gewalt.
Angst macht ihnen, was sie vermutlich
nie erfahren haben:
Zärtlichkeit und Liebe.
Davor und nur davor kapitulieren sie.
»Die Welt soll durch Zärtlichkeit gerettet werden«,
schreibt Fjodor M. Dostojewski.

Das Zarte ist als Begriff in der deutschen Sprache
seit dem Mittelhochdeutschen beheimatet
und bedeutete als Verb soviel wie:
»berühren«,
»sich vorsichtig nähern«.
Nur durch dieses »Berühren«,
diese »vorsichtige Annäherung«,
nur durch zärtliches Denken und Handeln,
können wir uns
wieder als Gemeinwesen entdecken,
eben nicht als gemeine Wesen,
sondern als Wesen einer Gemeinschaft,
bis wir erkennen:
»Wir sind nicht zu trennen,
woher wir auch stammen –
wir sind eins und zusammen«.
Die Antwort auf Krieg
kann nur die Gewaltlosigkeit sein.
Hoffen wir,
dass unsere Ohnmacht weiterhin
den Mächtigen ein zärtlicher Stachel
im erkalteten Herzen sein möge.

Gesang statt Zwang

Wer allein ist, ist auch im Geheimnis,
immer steht er in der Bilder Flut,
ihrer Zeugung, ihrer Keimnis,
selbst die Schatten tragen ihre Glut.

Gottfried Benn

Meine romantische Seele
spricht sich nicht gegen das Intellektuelle aus.
Was für eine Freude kann es sein zu denken,
zu planen,
sich an gelehrten Schriften zu ergötzen,
mathematische Formeln zu lösen,
zu philosophieren, sich zu bilden
und seinen geistigen Horizont zu erweitern.
Der geschulte Intellekt
ist ein notwendiges Spielzeug –
aber eben ein Spielzeug.
Spielerische DenkerInnen brauchen wir,
keine Leistungsidioten,
keine verhärmten Sturköpfe,
die ihr erdachtes Weltbild anderen
als Zwangsjacke überzustülpen versuchen.
Weltverbesserer ja, gerne,
aber keine Weltbilderschaffer
in einem System,
das sich gar nicht mehr vorstellen kann,
dass Gedanken zwanglos hin und her

geworfen werden können.

Bälle sollten wir uns zuspielen,
keine Granaten,
Hinweise,
Andeutung statt Ausdeutung,
Ermunterung
und keine Er- oder gar Endlösung.
Gesang statt Zwang
und Melodienflüsse
anstelle der dogmatischen Gedankenbunker,
die nichts zulassen,
was sie selbst in Frage stellen könnte.
Denken kann Freude sein,
wenn WIR denken
und nicht, wenn ES uns denkt.
ES – das sind all die Muster,
die sich in unserem Körper und Gehirn
angesammelt haben, Traumata,
eingefrorene Bilder der Kindheit,
destruktive Zellerinnerungen,
unhinterfragte Gewohnheiten,
die uns das Hirn belagern
und in Form von Sorgen und Zukunftsängsten, **59**

Schuldzuweisungen und Zwängen
das Hirn besetzen
und das Leben schwer machen.
Denken hingegen kann frei sein,
wenn es sich erlaubt zu spielen
und zu träumen,
in neue Welten vorzustoßen,
all das »Immerschondagewesene«
zu hinterfragen.
Und dann gibt es da auch noch
den Zauber des Nichtdenkens.
Wenn ES nicht denkt,
wenn wir nicht denken,
wenn wir einfach sind.
Sein ohne Anspruch und Interpretation.
Allein sein.
All-ein-sein.
»Wer allein ist, ist auch im Geheimnis,
immer steht er in der Bilder Flut,
ihrer Zeugung, ihrer Keimnis,
selbst die Schatten tragen ihre Glut«,
schreibt Gottfried Benn.

Das ist zu privat, zu nebulös,
mag der eine oder andere jetzt sagen
und auf Wittgenstein verweisen,
auf das Unaussprechliche.
Aber das ist eben auch das Schöne
an der Poesie,
dass sie und die Musik und die bildende Kunst
dem Unaussprechlichen
Ausdruck zu verleihen vermögen.
Und deshalb will ich jetzt auch
über das Unaussprechliche sprechen.

Wir sind nicht zu trennen

Ich danke dem Leben,
den Flüssen, den Reben,
den Winden, den Bäumen
und ich dank meinen Träumen,
denn sie lassen mich fliegen,
die Starrheit besiegen,
und es ließ mich erkennen:
wir sind nicht zu trennen,
woher wir auch stammen –
wir sind eins und zusammen.

Kennt ihr nicht alle
diese oft nur kurzen Momente
der Stille,
des Aufgehobenseins im All,
in sich selbst ruhend,
fraglos und antwortfrei,
eingebettet in alles, was ist
und kreucht und fleucht
und tönt und scheint?
Diese Momente,
wo einem selbstverständlich
und ohne Bücher darüber gelesen zu haben
wortlos bewusst ist,
dass wir alle eins sind,
dass sich Menschen und Tiere und Pflanzen
nicht aufteilen lassen
in schwarz und weiß
und besser und schlechter
und einzigartiger und minderwertiger?
Wo einem plötzlich völlig verständlich ist,
dass wir nur eine gemeinsame Zukunft haben
oder gar keine?

Und dass diese Zukunft –
auch wenn es keine Zukunft gibt
und sich alles immer nur im Jetzt abspielt –
nur eine geistige sein kann?

Nur ein liebendes,
bedingungslos liebendes
gemeinsames Ahnen und Fühlen und Denken,
das uns die Last der Vergänglichkeit erhöht
in den Bereich des Wunderbaren?
Wir dürfen den Traum
von einer liebevollen,
zärtlichen und herrschaftsfreien Gesellschaft
nie mit Gewalt
in die Tat umzusetzen versuchen.
Wir müssen ihn nur endlich
in unserem Denken zulassen und
andere inspirieren,
ihn zuzulassen.
Dann wird er sich von selbst verwirklichen!!
Das ist keine einfache Aufgabe.

Da müssen Denkblockaden gelöst werden,

da muss man sich selbst entstauben
und auf einfachere Modelle
wie Missgunst und Hass und Schuldzuweisung
verzichten lernen.
Da muss man sich
den herrschenden Gewalttätern
in den Weg stellen
und ihnen ein deutliches NEIN
entgegenjubeln,
da muss man immer wieder den Mut haben,
sich als naiv beschimpfen zu lassen –
aber wäre es das nicht wert?
Wir müssen ja nicht mehr tun,
als das zuzulassen,
was in der Tiefe unseres Selbst
uns allen gemeinsam als Sehnsucht
innewohnt.

Wenn jeder eine Blume pflanzte
oder
Das Hohelied der Anarchie

Wenn jeder eine Blume pflanzte,
jeder Mensch auf dieser Welt,
und, anstatt zu schießen tanzte,
und mit Lächeln zahlte, statt mit Geld –

Peter Härtling

Vor vielen Jahren
hab ich ein eher lustiges Liedlein
über meine große Liebe geschrieben:
die ANNArchie.
Ihr bin ich immer noch treu.
Anarchie –
es gibt kaum einen politischen Begriff,
der mehr missverstanden wird.
Schon in jungen Jahren habe ich mich dagegen
gewehrt, dass Anarchie mit Terror und Gewalt
gleichgesetzt wird.
Das ist nicht ihr Wesen.
Anarchie ist vielmehr der Versuch,
ein herrschaftsfreies Leben
selbstbestimmt anzustreben.
Und dazu gehört sehr viel Formwille,
denn das Zusammenleben
ohne Machtstrukturen will ja gestaltet werden.
Was noch unbedingt dazugehört, ist Liebe –
etwas, das man der Anarchie gerne abspricht,
weil sie ja als Weltanschauung der Chaoten
und Bombenbastler gilt.

Anarchie aber muss eine liebevolle
Gesellschaftsform sein,
sonst lässt sie sich nicht verwirklichen.
Nun sagen viele,
der Mensch ist nun mal so gemacht,
dass er immer dem Andern
die Butter vom Brot nehmen möchte.
Unabhängig davon,
dass ich dem nicht zustimme –
mal ganz unabhängig davon:
dann machen wirs eben anders.
Was wollen sie uns nicht alles einreden,
um ihre eigenen Schandtaten
zu rechtfertigen.
Sie erklären sie sogar
zu ewigen Naturgesetzen!
Sollen sie doch.
Wer tanzen lernt,
erhebt sich auch über sogenannte
ewige Gesetze.
Ahnen wir doch alle,
dass die Liebe die stärkere Kraft ist als der Tod

und das einzig Mächtige
in dieser zerrissenen und unmündigen Welt.
Liebe,
dieses so arg missbrauchte Wort,
lässt sich nicht beugen.
Sie ist ein Zustand.
Der Heimathafen,
in den wir nach unseren Irrfahrten
zu segeln begehren,
auch wenn wir das fast
nie auszusprechen wagen.
Das ist doch unsere Hoffnung
am Ende lebenslanger Fron:
Aufgefangen werden von
bedingungsloser Liebe.
Wie von bedingungslos liebenden Eltern.

Ohne Berechnung

. . . .

Ohne Berechnung, vielleicht ohne Sinn,
ohne Verdienste und ohne Gewinn,
wie all die Klänge um uns herum,
sunderwarumbe, ohne Warum.

Ich habe keine Scheu zuzugeben, dass ich bete.
Ich habe mit dem Wort Gott
keine Probleme mehr,
nachdem ich es aus seinen katholischen
und fundamentalistischen Fesseln
befreien konnte.
Worte wollen nämlich frei sein.
Sonst sterben sie und werden
zu Hülsen oder Parolen.
Worte wollen sich entwickeln,
wollen leben und erleben.
Und nur so können sie blühen.
Ohne warum.
Sunder warumbe.
Stelle ich mir Gott vor?
Oder eine Göttin?
Lieber lass ich dem Wort die Chance,
sich selbst vorzustellen:
»Grüß Gott.
Ich bin Gott.
Es gäbe mich nicht,
wenn es das Wort nicht gäbe. **71**

Denn alles,
wofür es Worte gibt,
existiert.
Und nun lass mich dir zeigen,
was in dir
mit mir zusammen
erwachen wird.
Seit Jahrtausenden werde ich geschändet.
Es kann mir nichts anhaben.
Ich bin rein und unschuldig.
Auch wenn sie sich in meinem Namen
schuldig machen.
Es ist ihr Problem.
Nicht meines.
Ich bin leer und gleichzeitig übervoll
an wunderbaren Möglichkeiten.
Erst in Dir werde ich zu dem,
der ich bin.
Und doch noch unendlich viel mehr.
Ich bin Gott,
und wenn Du es möchtest,

Dein Dich liebender Gott.

Du kannst mich auch als strafenden,
zornigen,
eifersüchtigen Gott
missbrauchen.
Aber wäre das nicht töricht?
Ich bin in dir zu finden.
In der Tiefe deines Seins.
Wenn du mich suchst,
werde ich zu dir sprechen.
Wenn du mich ablehnst,
werde ich in dir schlummern.
Es gibt mich,
und es gibt mich nicht.
Ich bin dein Wort:
dein Gott.
Ich bin die Frage und die Antwort.«

Nun, so und vieles andere mehr
könnte das Wort Gott sprechen,
wenn es denn von sich aus
und nicht seit Jahrtausenden
durch Potentaten und Patriarchen spräche.   **73**

Ich hab ein zärtliches Gefühl
für jede Frau, für jeden Mann
für jeden Menschen, wenn er nur
vollkommen wehrlos lieben kann.

Herman van Veen

Jedes zärtliche Gefühl
wird in der düsteren und
niemals blühenden Welt
der Technokraten und Killerkapitalisten,
Betriebswirtschaftszombies
und Chefideologen
mit Misstrauen beäugt.
»Ich hab ein zärtliches Gefühl«,
sang Herman van Veen
in einem seiner schönsten Lieder.
Ein zärtliches Gefühl für alles,
was lebt und stirbt
und wächst und blüht –
warum und für wen ist das eigentlich
so gefährlich?
Weil es den Verdacht wecken könnte,
dass die Menschen doch
etwas anderes zusammenhält
und glücklich macht
als Geld und Wohlstand?
Weil es die Gier
und dieses pubertäre Machtstreben

unausgewachsener Männleins
welchen Alters auch immer
der Lächerlichkeit preisgibt?
Und deshalb versuchen sie,
die Zärtlichen und Sanften,
die Unsicheren und Zuhörenden,
die Stillen und Verrückten,
wo auch immer sie können, zu verlachen.
Und all ihr Sehnen und Hoffen und Handeln
ins Lächerliche zu ziehen.

Die Mächtigen haben panische Angst
vor den Ohnmächtigen,
denn sie zeigen ihnen,
wie sinnlos ihre Macht ist.
Selbst in den grässlichsten Killerfabriken,
die die Menschheit je ersonnen hat,
selbst im KZ,
gab es Menschen,
die mit ihrer würdevollen Ohnmacht
die Mörder zur Verzweiflung gebracht haben.

Ich fürchte mich so vor der Menschen Wort.
Sie sprechen alles so deutlich aus.
Und dieses heißt Hund und jenes heißt Haus,
und hier ist der Beginn und das Ende ist dort.

Rainer Maria Rilke

Dies ist ein Plädoyer für die Ohnmacht!
Für die Verlierer und Versager,
wie sie von den selbsternannten Gewinnern
immer tituliert werden.
Worte!
Wer bitte ist denn nun wirklich der Versager
in dieser Gesellschaft?
Der Zweifelnde,
auch an sich selbst oft verzweifelnde,
Sensible,
Mitfühlende,
oder der Rücksichtslose,
über Leichen gehende Leistungsträger?
Und was ist so negativ daran,
wenn sich jemand etwas versagt?
Wenn er sich teure Markenkleidung versagt,
oder wenn er es sich versagt,
irgendjemanden mal wieder kräftig
über den Tisch zu ziehen?
Ist es die Angst vor der Verweigerung derer,
die sich etwas versagen,

also der Versager?

Die Angst,
sie könnten ihr Spiel durchschauen,
Menschen mit völlig sinnlosen Produkten
zu Kunden zu machen und im Weiteren
sie zur Ware zu degradieren?
Versagen wir!
Verweigern wir!
Verlieren wir das doch gerne,
was man uns als Trostpreis ins Gehege wirft:
den Preis für unsere Dämlichkeit,
ihnen und ihrer Profitmaximierung
treue Vasallen zu sein.
Ich will diese monströs materielle Sicht
auf die Welt
gerne verlieren.
Ich bin ein geradezu begeisterter Verlierer.
Alles fallen lassen will ich,
was uns als Ballast mitgegeben wird,
von der Wiege bis zur Bahre
nur Blendwerk und Müll
einer Plastik erzeugenden
Weltverschmutzungsgesellschaft.

Lasst uns den hohen Herren der Worthoheiten
die Worte im Mund verdrehen:
Nehmen wir sie beim Wort!
Aber es soll unser Wort sein,
das wir uns wieder zurückerobern
mit Hilfe der Poesie.
Und ja,
es ist auch eine Frage des Klangs.
Man höre sich nur
wieder mal dieses hässliche Gegurgel
des Nazisprechs an.
Diese brachiale Atonalität
des jeder Melodie befreiten »Führers«.
Keiner hat das besser auf den Punkt gebracht
als Charlie Chaplin
mit seiner Hitlerparodie.

Aber auch der Neusprech der meisten,
sich stets neue, hohle Sprachmasken
zulegenden heutigen PolitikerInnen
ist von einer lähmenden Monotonie
gekennzeichnet,

als wäre alles Lebendige,
Spontane,
Herzliche
aus ihrem Wesen verbannt.
Gut geleiert, möchte man sagen,
aber was steckt dahinter?
Eben nichts.
Radikale Öde,
kein echtes Anliegen,
kein mit Herzblut getränkter Wunsch.
Anstelle von klangvollen Tönen
nur klanglose Tönung.
Nicht mal zu einem echten Aufschrei sind sie
in der Lage, sich immer absichernd
nach allen Seiten,
so sehr,
dass diese Sicherheit zur Zwangsjacke wird.

Das macht mir Mut

Und keinem ist der Arm so lang,
auch nicht der Obrigkeit,
dass mir ein ehrlicher Gesang
im Halse stecken bleibt.

Wir alle leben,
geben wir's doch mal zu,
in einer von Angst besetzten,
von Ängsten gejagten und gepeinigten
Gesellschaft.
Wir haben Angst zu verlieren,
was wir besitzen,
aber wir haben auch Angst,
nicht zu bekommen,
was wir noch nicht besitzen.
Wir haben Angst,
uns selbst zu begegnen,
weil wir sonst
einem Anderen begegnen würden
als dem,
den wir uns so mühevoll
zurechtgebastelt haben.
Wir haben Angst,
nicht geliebt zu werden,
weil wir selbst keine Liebenden sind.
Wir haben Angst vor dem Tod,
der uns ereilen könnte,

bevor wir unserer eigentlichen Bestimmung
begegnet sind.
Wir haben Angst vor den Anderen,
denn sie sind die Feinde,
auf die wir all das projizieren,
was wir an uns selbst vertuschen wollen.
Die Feinde,
die unseren Job wollen,
unserer Geliebten an die Wäsche,
die unseren Status untergraben wollen,
weil sie reicher sind
und vielleicht schöner
und vielleicht klüger.
Und weil reich und schön und klug
das einzige ist, was zählt
in dieser verängstigten Gesellschaft.
Wir haben
zu Recht Angst
vor dem nächsten verheerenden Krieg,
der umso sicherer kommen wird,
je heftiger wir ihn mit Gewalt und Aufrüstung
verhindern wollen.

Wir haben Angst vor der Angst.
Und wir sollen auch gefälligst dauernd
Angst haben,
denn damit verfestigen wir
für ewig in Stein gemeißelte Machtstrukturen.
Unsere Angst verleiht dem jeweiligen System,
das uns gerade unterdrückt, Flügel.
Staunt ihr nicht auch immer wieder über
das unglaublich unlogische Missverhältnis
zwischen Panikmache und Realität?
Nach wie vor ist Autofahren gefährlicher
als alle terroristischen Anschläge.
Nach wie vor
nehmen uns nicht die Flüchtlinge die Butter
vom Brot,
sondern der Finanzkapitalismus.
Furcht zu schüren ist das erste Gebot
aller Diktaturen,
um dann als Erlöser auftreten zu können.
»Wir befreien dich von deiner Furcht,
wenn du gehorsam bist.
Wenn du uns das Recht

auf Gewalt einräumst
über dein Leben und dein Denken« –
das ist das immerwährende Motto
der Herrschaft.
Immer wenn ich es erleben muss,
wie Eltern ihre in glückseliges Spiel
versunkenen Kinder dem Spiel zu entreißen
versuchen – vorgeblich
weil sie irgendetwas Sinnloses
und viel Unwichtigeres tun sollen
wie Reiten lernen
oder Zimmer aufräumen
oder Schulaufgaben erledigen –
immer öfter keimt in mir der Verdacht auf,
dass sie ihren Kindern diese angstfreie
und zeitlose Glückseligkeit nicht gönnen.
Sie können es nicht ertragen,
weil sie sich schon so weit entfernt haben
von diesem einzig wahren
und so schönen Sinn des Daseins:
sich spielerisch zu erfreuen
an den Wundern der Welt und des Seins.

Ja, es gibt Katastrophen
und die sind unabwendbar
wie Tsunamis oder Erdbeben,
Überflutungen und Orkane –
aber die meisten Katastrophen,
mit denen wir die Welt so viel
schrecklicher gestalten,
als sie es sein müsste,
sind doch hausgemacht:
Flucht und Vertreibung,
Sklaverei und Krieg,
Unterdrückung und Demütigung.
Statt von unseren Kindern das neu zu lernen,
was wir verlernt haben,
erziehen wir sie.
Wir erziehen sie
zu denselben hilflosen
und ängstlichen Geschöpfen,
wie wir selbst es sind.
Und glaubt ja nicht,
liebe Freunde,
die Superreichen und Mächtigen

seien keine Befehlsempfänger,
nur weil sie uns andauernd Befehle erteilen.
Sie sind doch die erbärmlichsten Untertanen
ihrer eigenen ideologischen Verblendung,
ihrer Gier und ihrer Unersättlichkeit,
ihrer Eitelkeit und – ja, auch sie –
ihrer Ängste.
Nun –
gibt es keinen Ausweg?
Spreche ich nur von denen,
die sich selbst nicht erhöhen können,
ohne andere zu erniedrigen?
Oh nein, lasst uns jetzt von den
vielen sprechen,
die einen anderen Weg eingeschlagen haben,
als den der Versklavung und Selbstaufgabe.
Von den vielen,
die ich verehre und bewundere.
Und das sind nicht nur die weltberühmten
wie Bertha von Suttner oder Sophie Scholl,
Jesus von Nazareth und Martin Luther King,

Gandhi natürlich oder Margareta Porete –

viele von ihnen gefoltert, ermordet oder auf dem Scheiterhaufen derer verbrannt, die immer schon recht haben.

Aus dem Kreis dieser großartigen Menschen möchte ich nur ein nicht besonders bekanntes Beispiel bemühen:

Janusz Korczak.

Ein Augenzeugenbericht aus dem Warschauer Ghetto vom 5. August 1942. Der Zeuge sieht, wie der Arzt, Schriftsteller, Erzieher und Waisenhausgründer Janusz Korczak »seine Kinder« zum Bahnhof begleitet. Ein weiterer Zeuge berichtet, der Bahnhofskommandant habe dem berühmten Pädagogen die Rettung angeboten. Er könne entkommen, wenn er bereit wäre, die Kinder allein zu lassen. Korczaks Antwort: »Sie irren sich, nicht jeder ist ein Schuft.«

Dann besteigen sie die bereitgestellten Transportwaggons. Es ist ein Zug nach Treblinka, ein Zug in den Tod. Korczak und die Kinder werden in den Gaskammern des Vernichtungslagers ermordet.

Der Grundgedanke dieses wunderbaren
Menschen lautete:
»Die Welt reformieren heißt,
die Erziehung reformieren.«
Herausgegriffen,
ein Beispiel von unsäglich vielen,
die uns Mut machen sollten.
Mut zu unserer Würde,
zu unserer unantastbaren Einzigartigkeit
als menschliches Wesen zu stehen,
einer Einzigartigkeit,
die sich nicht über andere erhebt,
die niemanden unterdrücken muss,
um sich zu bestätigen,
und die vor allem keinem anderen
menschlichen Wesen
das Recht einräumt,
uns etwas vorzuschreiben,
uns zu tyrannisieren
und uns zu ängstlichen Befehlsempfängern
zu erniedrigen.

Dann und nur dann
werden wir endlich keine Angst mehr haben
vor dem Leben.
Dann haben wir es angenommen als etwas,
das uns gehört.
Und nicht einem Staat,
einem Fürsten
oder irgendeinem kranken Sadisten.
Es wird immer noch schwer genug,
und es werden weiterhin Tränen fließen.
Aber dann sind es UNSERE Tränen.
Und dann ist es UNSER Leben.

Einst da waren wir schön.
Bis wir die Schönheit erfanden.
Plötzlich,
ach, wüssten wir nur darum,
gab es dies:
Ich und wir beriefen die Welt.

Nun habe ich aber viel zu wenig
über die Schönheit der Poesie gesprochen!
Darüber, dass sie uns in die weitesten Himmel
tragen kann, weit über die spießige Enge
unserer Ratio hinaus,
weil Welt und Leben und ihre Unfassbarkeit
nicht auszudenken sind.
Erst kürzlich habe ich ein Rilke-Gedicht
wiederentdeckt,
das nun mein allerliebstes ist.
Am Ende heißt es da:
»Ach, in meinem wilden Herzen nächtigt
obdachlos die Unvergänglichkeit.«
Es ist diese Unvergänglichkeit,
die mich in allen großen Gedichten anrührt,
die nicht zu begreifen ist,
aber immer wieder meiner Obdachlosigkeit
den Anhauch eines Zuhauses gibt.
Ja, es ist diese Unvergänglichkeit,
die ich im Augenblick erahne,
wenn ich ihn zu nehmen weiß.
Viele Menschen sagen mir,

sie könnten mit Gedichten
nichts anfangen.
Sie würden sie meistens nicht verstehen.
Aber, liebe Freunde,
ihr müsst sie doch erst einmal gar nicht
verstehen!
Lasst die Worte klingen,
lasst den Rhythmus in euer Herz,
die Melodien der Verse,
den Klang der ungespielten Töne.
Gedichte verstehen sich selbst nicht.
Warum sollt ihr sie verstehen?
Erst wenn man ein Gedicht genossen
und erlebt hat,
wenn man es aufgesaugt hat
und aufgenommen in seinen ganzen Körper,
zum Beispiel,
weil man es sich selbst vorgesprochen hat,
dann kann man sich Gedanken machen,
interpretieren
und Verdrahtungen
zum eigenen Leben entdecken.

Eine Entdeckung,
die nie ein Ende haben wird,
solange man bereit ist,
in sich zu schauen,
sich vor sich selbst zu enthüllen.
Wenn ich ab und an zu Schülern spreche,
versuche ich,
ihnen die Schönheit des Tagebuchs
wieder nahezubringen:
Das ist kein Facebook,
in dem man geliket werden will,
sage ich dann,
in dem man sich täglich neu verkleidet,
um zu gefallen
oder auch um zu missfallen,
– Hauptsache man erregt damit
Aufmerksamkeit –
so ein Tagebuch verschließt man
vor den Anderen,
den Eltern, den Freunden, auch den engsten,
da begegnet man sich selbst.
Wer Gedichte schreibt,

erschließt sich ein Selbst,

von dem er das meiste noch nie gewusst hat.

Das macht man nicht,

um berühmt oder reich zu werden.

Da kann man endlich eine Schönheit erfahren,

die einem Salben und Puderquasten

und YouTube-Schminkkurse oder

Antiaging-Essenzen nie vermitteln werden.

Germany's Next Topmodel zu werden

ist eine Strafe,

Poesie ein Geschenk.

Wie viele Menschen,

die einen Liebsten verloren haben,

sind nicht durch Mascha Kalékos

»Memento Mori«

beschenkt worden in ihren bittersten Stunden:

»Bedenkt, den eignen Tod, den stirbt man nur,

doch mit dem Tod des andern

muss man leben.«

Sicher, das ist nur eine klitzekleine und sehr

subjektive Auswahl, die ich hier vorstelle,

und was gäbe es nicht noch alles zu zitieren

an anrührenden, herzergreifenden,
aber auch mahnenden und
aufrüttelnden Versen und Reimen!
Rumi zum Beispiel,
der mich immer sprachlos macht
und dem ich auch oft hilflos gegenüberstehe,
weil die beste Übersetzung
nie dem nahekommen kann,
was er uns in Farsi zu übermitteln versucht.
(Man höre sich unbedingt einmal
persische Originalaufnahmen an,
meistens mit Musik begleitet,
so wie man Gedichte eigentlich
nie ganz von Musik trennen sollte.)
Ja, ich komme gerne hemmungslos
ins Schwärmen
über meine heiß geliebten MeisterInnen
und Meister –
wie ich immer wieder gerne erzähle,
hätte ich meine Pubertät ohne Trakl
nie lebend überstanden –
und auch bei meinen oft sehr jungen

bekannteren
oder auch unbekannten KollegInnen,
sind Zeilen und Gedichte
von atemberaubender und neuer,
oft eigenartiger Schönheit zu entdecken.
Und jede und jeder von euch wird,
wenn er sich denn nur ehrlich
auf die Reise begibt,
andere entdecken,
Dichter und Dichterinnen,
die einem mit der Unbefflecktheit
ihrer Wortwahl zeigen,
dass Erkenntnis und der Erkennende
eins sein können.
Eins in der »Wolke des Nichtwissens«.
Das klingt zu esoterisch? Zu spirituell?
Zu wenig pragmatisch? Zu irrational?
Na und?
Lieber verrückt und versponnen,
wahnsinnig und völlig daneben,
als sein Leben ausschließlich aus zweiter Hand

zu leben.

Als ein Leben zu leben,
dessen Gestaltung einem
mächtige Wortführer gebieten,
wie subtil auch immer sie es anstellen mögen.

Eben allemal besser,
als sein Leben
irgendwelchen infamen Versprechungen
der Werbeagenturen nachzuleben.
Ein angeblich so vernünftiges Leben,
das in Kriegen und Entmenschlichung endet.
Und in der Zerstörung der Erde.
Versuch es einfach!
Entdecke und erlebe selbst,
anstatt dir etwas erleben zu lassen
von Menschen,
die auch nur ihrer eigenen Mythologie,
ihrem eigenen Wahn folgen.
Egal, was man sich ausdenkt und berechnet,
auf Gesetzestafeln schreibt
oder meinetwegen auch direkt von Gott
auf einem Berg

in die Hand gedrückt bekommt –
es ist stets ein bruchstückhaftes Abbild dessen,
was nur in uns selbst
in den heiligsten Momenten
zu einem Ganzen geformt werden kann.
Und zu guter Letzt:
Was für ein Glück,
dass die Dichter dichten und nicht
sich selbst genügend
meditierend auf der Bergeshöhe schweigen.
Was für ein Glück,
dass sie das Lied,
das in allen Dingen schläft,
immer wieder zum Leben erwecken.

Lass dich verführen,
raunen sie mir zu,
aber folge niemals einem Führer.
Ändere dein Denken über die Welt.
Warum sie das tun?
Ich weiß es nicht.
Aber ich bin unendlich dankbar dafür.

Es ist ein stilles Singen in den Dingen

Schließlich verschwinden die Bilder
und es bleiben die Dinge:
nicht mehr berührbar beschaubar
unschuldig werden
Worte und Mensch.

Es ist ein stilles Singen in den Dingen
und eine sanfte Zärtlichkeit,
wenn man sich nur aufmacht
hinzuhören.
Bäume schreiben seit Jahrmillionen Gedichte,
sie schreiben sie in die Lüfte
und lassen sie forttragen von den Winden,
und auch sie fangen nur auf,
was schon alles bereit liegt,
seit Ewigkeiten
vergraben im Schlamm,
versteint in den Felsen,
umspült von den Ozeanen,
im Feuer der Vulkane verbrannt
und aus Asche wieder auferstanden.
Alles ist schon geschrieben,
alle Wahrheiten und Weisheiten,
und es will nur wiedergefunden werden.
Jeder Ton ist schon erklungen,
jede Melodie schon gesungen,
jeder Vers schon geschmiedet.

Und erst die Flüsse!

Was tragen sie nicht alles mit
an altem Wissen
und ungelebten Möglichkeiten,
was raunen sie uns nicht alles zu,
wenn wir erst bereit sind
zu fließen mit ihnen, oh ja.

Ich bin ein bekennender Flussschwimmer,
ein hemmungsloser Sich-Treiben-Lasser,
schon als Kind
hab ich mit den vorbeifließenden Ufern
der Flüchtigkeit des Seins
mein Herz geöffnet.
Was hab ich doch gejauchzt
im kühlen Wasser
meiner geliebten Isar,
der isaria rapida,
was für eine helle Freude war das!
Die Freude eben,
die allem und allen innewohnt
und der man erst begegnet,
wenn man sich vergisst.

Wenn man sich fließen lässt in der Zeit,
die verschwindet,
weil sie zur Gegenwart wird.
Wie gerne sehe ich Tieren zu,
geschäftigen Hunden zum Beispiel
oder Katzen,
die sich im Sonnenlicht putzen,
keine Schatten der Vergangenheit
lasten auf ihnen.
Ja, auch sie müssen kämpfen ums Überleben,
aber alles, was sie tun,
tun sie voll Inbrunst und Hingabe
und niemals halbherzig,
es sei denn, wir versuchen ihnen zu befehlen,
uns Untertan zu sein.

Dann verkrüppeln wir sie
und zwängen ihnen unsere Unfreiheit auf.
Wir machen uns die Erde untertan
und könnten uns doch so bereichern
an ihrer Vollkommenheit
und unendlichen Weisheit,

wenn wir ihr nur zuhören würden,
anstatt sie zu knechten,
zu zerstückeln,
anstatt ihr die Gedärme aus
Profitgier herauszureißen.
Wer hier spricht, ist kein Weiser,
kein Unfehlbarer, kein Gesalbter,
hier spricht ein Irrender,
Suchender, Zerrissener, Fehlerhafter,
der den Widerspruch
zwischen der sogenannten Realität
und der eigenen Erfahrung der Wirklichkeit
nicht mehr erträgt.
Hier spricht nur jemand,
der wie alle anderen Wesen dieses Universums
eine Ahnung davon hat,
dass es eine wirklichere Wirklichkeit gibt
als die,
die uns unser Verstand vorbestimmt
und als Realität vorgaukelt.
Ein spiritueller Anarchist?
Na und!

Nachwort:
Vom Maulbeerbaum

Ja, es ist der unbekannte Morgen
und das unerschlossne Paradies,
nicht zu kaufen und nicht mal zu borgen,
dieser Schlüssel zu dem dunkelsten Verlies,

das dein Herz und deine ungesungnen Lieder
fest gefangen hält durch Wahn und Zwang.
Wenn du ihn gefunden hast –
nie wieder wirst du fremd dir sein.
Dann bist du dein Gesang.

In meinen Konzerten erzähle ich meinem Publikum gerne, dass mir meine Gedichte und Liedtexte passieren.

Dass ich sie mir nicht ausdenken kann, dass ich diesen kreativen Rausch nicht bestellen kann, ihn auch nicht mit magischen Ritualen herbeizaubern kann.

Dass ich auch nicht unbedingt allein sein muss in diesen rauschhaften Tagen und dass es egal ist, wo ich mich gerade befinde.

Nun, das stimmt aber nicht so ganz.

Das meiste nämlich in den letzten vier Jahrzehnten habe ich in Italien geschrieben: Gedichte, ihre Vertonungen, Filmmusiken, Prosatexte – in meinem Refugium in der Toskana, unterm Maulbeerbaum.

Man pflanzte vor Jahrhunderten gerne Maulbeerbäume an in dieser Gegend, denn die Seidenraupe ernährt sich ausschließlich von Maulbeerbaumblättern. Und für die armen Bäuerinnen war die Seidenraupe die einzige Möglichkeit eines kleinen Zugewinns.

Vor dem Fenster meines Arbeitszimmers stehen zwei Maulbeerbäume.

Sie sind bedeutend klüger als ich, denn sie sind gut 200 Jahre älter und sie wissen so viel mehr von der Welt und ihren Wunden und Wundern.

Und was haben sie sich nicht alles erzählt in diesen fast drei Jahrhunderten, was haben sie nicht alles erfahren, von den Schmetterlingen und Nachtigallen und von den Thymianbüschen und Rosmarinsträuchern nahe ihren Wurzeln und den prächtigen Walnuss- und Olivenbäumen in ihrer Nachbarschaft.

Der vordere, etwas verkrüppelte und jedes Jahr sich immer wieder so prächtig begrünende Maulbeerbaum ist – wie sein Bruder, der hinter ihm gerade und stolz das Tal bewacht – mein Freund. Er hat mir wunderschöne Momente der Stille beschert und schweigsamer Einblicke in Alles-Das-Was-Ist.

Und weil ich mir, nachdem ich ein Gedicht geschrieben habe, sowieso nie so ganz sicher bin, von wem das Geschriebene nun eigentlich wirk-

lich stammt, habe ich jetzt endlich eine Erklärung
gefunden:
Es ist mein Maulbeerbaum, der meine Lieder
schreibt.
Er war es schon immer, selbst als ich ihn noch gar
nicht kannte.

Das liebe ich so an der Poesie:
Es ist, als dürfte man zu einer Quelle gehen, einer
Quelle, an der Rilke natürlich täglich trinkt und
Mozart freudetrunken schon immer drin badete,
meist sogar zusammen mit Puccini, und all die anderen von mir verehrten, bewunderten großartigen DichterInnen und MusikerInnen und MalerIn-
nen und BildhauerInnen tummeln sich dort, und
sie ist unerschöpflich sprudelnd, und ja, an dieser
Quelle darf ich manchmal nippen.
Ich halte mich bescheiden im Hintergrund mit meiner Lyra und genieße das bunte Treiben meiner
mir so wertvollen Auserwählten und fühle mich
glücklich, ihnen ganz kurz nahe sein zu dürfen.
Jeder, glaubt mir, jeder kann dort trinken und spie-

len und baden und jauchzen – nur wie findet man den Weg?

Auf jeden Fall nicht, indem man sich verbohrten, gesellschaftskonformen Meinungsträgern verpflichtet.

Auch nicht, indem man sich dem Markt und seinen gefräßigen und so verbindlichen Unverbindlichkeiten unterwirft.

Und auch nicht, indem man seine Augen und Ohren vor dem Wunderbaren verschließt.

Und auch nicht, indem man geizig seinen Besitz verwahrt.

Ganz sicher nicht.

Ich glaube, ein Schlüssel zu diesem Weg ist Offenheit und Großzügigkeit und ein Lächeln, das man aus der Tiefe des Herzens allen Wesen, die einem begegnen, entgegenströmen lässt, mit dem man sie umfängt und umarmt, und ihnen dadurch zeigt, dass man bereit ist, auf sein sich stets anderen gegenüber abgrenzendes und erhöhungssüchtiges Ego zu verzichten.

Das geht nicht immer, keine Frage.

Und es ist auch nicht sicher, ob man dadurch den Navigationspunkt der Quelle auf sein Handy gesimst bekommt.

Aber es wär's doch wert, es zu versuchen?

Konstantin Wecker

Anstatt sie zu betreten,
treten wir die Welt.
Wie eine Silbe doch entscheidend
scheiden kann!
Wie erst ein Wort!

Als wir noch schliefen,
warn die Wörter schon gemacht,
und alles, was wir heute niedrig sehen,
war immer groß genug,
uns aufzunehmen ins Geschehen.

Wie sich die Luft noch niemals wünschte,
Mensch zu sein,
sieht alles, was sich selbstlos gibt,
sanft lächelnd auf uns nieder.

Ach, würden wir an solcher Größe uns gestalten,
die es ertragen kann,
von uns geschändet und zerstört zu werden.
Uns birst die Lunge,
Wir vergehn vor Schmerz und Wut,
wenn wir die letzten Bäume fällen.

Und wie bedauert uns das Tier!
Mit welchem warmem Mitleid
wacht die Erde über uns,
wenn wir sie quälen.

Armselig sind die Herrschenden,
denn sie genügen sich nicht selbst.
Und was wir uns auch immer
neu zu schaffen glauben,
verkleinert nur, was längst geschaffen war.

Die Welt hält stand.
Selbst wenn wir sie in Stücke jagen –
wir gehen nur an dem zu Grund,
was wir verstehn.

Nichts ist erklärbar.
Nur im Unsichtbaren
lernen wir zu sehen.

Peter Rühmkorf

Bleib erschütterbar und widersteh

Also heut: zum Ersten, Zweiten, Letzten:
Allen Durchgedrehten, Umgehetzten,
was ich, kaum erhoben, wanken seh,
gestern an und morgen abgeschaltet:
Eh dein Kopf zum Totenkopf erkaltet:
Bleib erschütterbar – doch widersteh!

Die uns Erde, Wasser, Luft versauen
– Fortschritt marsch!
mit Gas und Gottvertrauen –,
eh sie dich einvernehmen,
eh du im Strudel bist und schon im Solde,
wartend, dass die Kotze sich vergolde:
Bleib erschütterbar – und widersteh.

Schön, wie sich die Sterblichen berühren –
Knüppel zielen schon auf Hirn und Nieren,
dass der Liebe gleich der Mut vergeh ...
Wer geduckt steht, will auch andre biegen.
(Sorgen brauchst du dir
nicht selber zuzufügen;
alles, was gefürchtet wird, wird wahr!)
Bleib erschütterbar.
Bleib erschütterbar – doch widersteh.

Widersteht! im Siegen Ungeübte,
zwischen Scylla hier und dort Charybde
schwankt der Wechselkurs der Odyssee...
Finsternis kommt reichlich nachgeflossen;
aber du mit – such sie dir! – Genossen!
teilst das Dunkel, und es teilt sich die Gefahr,
leicht und jäh ...
Bleib erschütterbar!
Bleib erschütterbar – und widersteh.

Konstantin Wecker

Manche Worte, jahrelang
vage Hieroglyphen,
tragen einem plötzlich an,
sich zu überprüfen.

Werden sichtbar in Gedichten,
die sonst nie berührten,
oder springen aus Geschichten
einer Illustrierten.

Viele wollen diesen Fund
nicht mal registrieren.
Schimpfen plötzlich ihren Hund,
kriegens an den Nieren.

Doch das legt sich. Mit der Zeit
wird man gerne tauber,
dient der Unzulänglichkeit
und bleibt fortan sauber.

Und die Worte streichen aus,
was in ihnen ruhte.
Steigen über uns hinaus,
heim ins Absolute.

Konstantin Wecker

Noch kriegt ihr mich nicht dran,
es gibt noch viel zu viel zu tun.
Auf diesem Lorbeer, der erstickt
und träge macht, will ich nicht ruhn.

Mich lockt das Ungetane. Und
zum Sterben bleibt noch so viel Zeit.
Die Sattheit, die man uns verspricht,
bezahln wir nur mit Einsamkeit.

Da ist ein Himmel, und der will
schon lange eingenommen sein.
An diesem Höhenflug der Lust
muss ich doch auch beteiligt sein.

Ich weiß, ihr hättet mich sehr gerne
redlich, reif und situiert.
Lasst euren Käse reifen.
Ich bleib lieber weiter unkastriert.

Ich steh doch immer wieder auf,
auch wenn bis jetzt noch vieles mies war.
Ab heute wird nichts mehr versäumt:
Wer nicht genießt, ist ungenießbar.

Ich will die Feigheit brennen sehn.
Man muss sich wehrn, solang man kann.
Denn wer sich fügt, der fängt bereits
ganz insgeheim zu lügen an.

Die Herren pokern. Ihre Welt
friert unsre Herzen langsam ein.
Jetzt kann nur noch die Fantasie
die Sterbenden vom Eis befrein.

Es kann nicht gut sein, wenn man friert.
Jetzt muss was Warmes, Weiches her.
Die kalte Last der Sittsamkeit
wird mir schon lange viel zu schwer.

Ich steh doch immer wieder auf,
auch wenn bis jetzt noch vieles mies war.
Ab heute wird nichts mehr versäumt:
Wer nicht genießt, ist ungenießbar.

Konstantin Wecker

Und das soll dann alles gewesen sein

Gerodete Dschungel, zerdachte Natur,
bald bleibt den tapfersten Bäumen
nur noch übrig, zerhackt und mit Politur
vom Blühen und Werden zu träumen.

Dann müssen wir unsere verplante Welt
mit eisernen Lungen versorgen.
Wir haben die Erde so schlecht bestellt
und betrügen noch heute das Morgen.

Doch wie wir auch strampeln
und wie wir auch plärrn,
wir erreichen nur die Staffagen:
Der Staat dient den stets
anonymeren Herrn
aus den obersten Etagen.

Die Lämmer halten sich Wölfe zur Zeit,
die reisen in Schafpelzsachen.
Wir belächeln zwar laut ihre Lächerlichkeit,
aber üben schon heimlich ihr Lachen.

Zur Rettung verschreibt man uns
Pharmaglück,
als könnt man ums Leid sich drücken.
Und wenn wir dann heillos gerettet sind,
steigt das große Geschäft mit den Krücken.

Doch wie wir auch strampeln
und wie wir auch plärrn,
wir erreichen nur die Staffagen:
Der Staat dient den stets
anonymeren Herrn
aus den obersten Etagen.

Und das soll dann alles gewesen sein –
ein Leben ganz ohne den Wind?
Versorgt und verplant und ohne Idee,
was wir wollen und wer wir sind.

Und das soll dann alles gewesen sein –
probieren, studieren, stolzieren,
um unser Versagen dann irgendwann
etwas besser zu interpretieren?

Und das soll dann alles gewesen sein –
Glück und Tränen verflogen?
Einsilbig alles zu Ende gedacht
und um Ewigkeiten betrogen.

Konstantin Wecker

Den Parolen keine Chance

Den Parolen keine Chance,
lasst sie nicht ans Tageslicht,
lasst sie in den Grüften modern,
öffnet ihre Gräber nicht.

Volk, Nation und Vaterland
sind ihr krudes Kampfgebrüll
alles, was dadurch verbrochen,
war doch längst entsorgt im Müll.

Wenn sie jetzt den Menschenfängern
wieder aus den Mäulern sprudeln,
lasst sie ungehört verdorren,
lasst euch nicht dadurch besudeln.

Kriege mit Millionen Toten
haben sie uns eingebracht,
Folter, Mord und Diktaturen –
Siegeszug brutaler Macht.

Nennt mich gerne einen Spinner,
Utopisten und naiv,
doch ich will nicht akzeptieren,
was da aus dem Ruder lief.

Es gibt sicher schön're Lieder,
wohlgefällig ausgedacht,
doch ich glaube, hin und wieder
ist ein Aufschrei angebracht.

Ja, ich hab's schon oft besungen
doch ich wiederhol' mich gern,
damals war das Schreckgespenst
zwar bedrohlich, doch noch fern,

aber jetzt sind die Gespenster
wieder mal aus Fleisch und Blut,
und es darf nicht mehr erwachen,
was in ihnen drohend ruht!

Nein, ich hör nicht auf zu träumen
von der herrschaftsfreien Welt,
wo der Menschen Miteinander
unser Sein zusammenhält.

Lasst uns jetzt zusammen stehen,
es bleibt nicht mehr so viel Zeit,
lasst uns lieben und besiegen
wir den Hass durch Zärtlichkeit.

Gottfried Benn

Wer allein ist, ist auch im Geheimnis,
immer steht er in der Bilder Flut,
ihrer Zeugung, ihrer Keimnis,
selbst die Schatten tragen ihre Glut.

Trächtig ist er jeder Schichtung
denkerisch erfüllt und aufgespart,
mächtig ist er der Vernichtung
allem Menschlichen, das nährt und paart.

Ohne Rührung sieht er, wie die Erde
eine andere ward, als ihm begann,
nicht mehr Stirb und nicht mehr Werde:
formstill sieht ihn die Vollendung an.

Konstantin Wecker

Ich danke dir Leben,
hast mir so viel gegeben,
eine Stimme zum Singen
bringt die Worte zum Klingen,
Hände zum Spielen,
an vielen Klavieren,
Lust am Erlernen
und Ausprobieren
und so viel Zeit
voller Zärtlichkeit.

Ich danke dir Leben,
hast mir so viel gegeben,
durfte lachen und schweben
trotz all der Stürme und Beben.

Auch einsame Stunden
und schmerzvolle Wunden,
doch du wolltest mich führen
mich selbst zu erspüren,
unter funkelnden Sternen
das Lieben zu lernen.

Ich danke dem Leben,
den Flüssen, den Reben,
den Winden, den Bäumen
und ich dank meinen Träumen,
denn sie ließen mich fliegen,
die Starrheit besiegen
und es ließ mich erkennen:
wir sind nicht zu trennen,
woher wir auch stammen –
wir sind eins und zusammen.

Peter Härtling

Wenn jeder eine Blume pflanzte,
jeder Mensch auf dieser Welt,
und, anstatt zu schießen, tanzte
und mit Lächeln zahlte statt mit Geld –
wenn ein jeder einen andern wärmte,
keiner mehr von seiner Stärke schwärmte,
keiner mehr den andern schlüge,
keiner sich verstrickte in der Lüge,
wenn die Alten wie die Kinder würden,
sie sich teilten in den Bürden,
wenn dies WENN sich leben ließ,
wär's noch lang kein Paradies –
bloß die Menschenzeit hätt angefangen,
die in Streit und Krieg uns beinah ist vergangen.

Konstantin Wecker

Ist es nicht so, dass die Rose erblüht,
sunder warumbe, ohne Warum,
dass sie nicht fragt danach, ob man sie sieht,
sunder warumbe, ohne Warum,

dass sich die Verse von selber erträumen,
sunder warumbe, ohne Warum,
wie sich die Wellen zum Strande hin schäumen,
sunder warumbe, ohne Warum,

ohne Berechnung, vielleicht ohne Sinn,
ohne Verdienst und ohne Gewinn,
wie all die Klänge um uns herum,
sunder warumbe, ohne Warum.

Ist es nicht so, dass das Bächlein fließt,
sunder warumbe, ohne Warum,
alles im Frühling aufs Neue sprießt,
sunder warumbe, ohne Warum,

und auch die Sonnen geh'n unter und auf,
sunder warumbe, ohne Warum,
so auch des Menschen Lebenslauf,
sunder warumbe, ohne Warum,

ohne Berechnung, vielleicht ohne Sinn,
ohne Verdienst und ohne Gewinn,
wie all die Klänge um uns herum,
sunder warumbe, ohne Warum.

Rainer Maria Rilke

Wunderliches Wort: die Zeit vertreiben!
Sie zu halten, wäre das Problem.
Denn, wen ängstigts nicht: wo ist ein Bleiben,
wo ein endlich Sein in alledem? –

Sieh, der Tag verlangsamt sich, entgegen
jenem Raum, der ihn nach Abend nimmt:
Aufstehn wurde Stehn, und Stehn wird Legen,
und das willig Liegende verschwimmt –

Berge ruhn, von Sternen überprächtigt; –
aber auch in ihnen flimmert Zeit.
Ach, in meinem wilden Herzen nächtigt
obdachlos die Unvergänglichkeit.

Mascha Kaléko

Memento

Vor meinem eignen Tod ist mir nicht bang,
Nur vor dem Tode derer, die mir nah sind.
Wie soll ich leben, wenn sie nicht mehr da sind?

Allein im Nebel tast ich todentlang
Und laß mich willig in das Dunkel treiben.
Das Gehen schmerzt nicht halb so wie
    das Bleiben.

Der weiß es wohl, dem gleiches widerfuhr;
– Und die es trugen, mögen mir vergeben.
Bedenkt: den eignen Tod, den stirbt man nur,
Doch mit dem Tod der andern muß man leben.

Konstantin Wecker

Einst da waren wir schön.
Bis wir die Schönheit erfanden.
Plötzlich,
ach, wüssten wir nur darum,
gab es dies:
Ich und wir beriefen die Welt.

Manchmal noch streifen uns Glück und Ideen.
Wir blicken zurück.
Noch schützt uns die Schwermut.
Doch je stärker wir werden,
verlieren wir Halt und Gestalt.

Wie nur ertrugens die Großen,
denen dies wahrere Sein
die Adern zerriss,
wie konnten sies nur ertragen,
dass sich ein Gott
ihrer kläglichen Körper bediente,
uns zu warnen?

Einst, da waren wir schön.
Da trafen wir uns in der Mitte.
Wie quält uns die Schale!
Wie fern sind wir dem Kern!

Konstantin Wecker

Schließlich verschwinden die Bilder,
und es bleiben die Dinge:
nicht mehr berührbar beschaubar,
unschuldig werden
Worte und Mensch.

Sind wir nicht da,
uns zu erweitern?
Und in der Weite
zählt nicht mehr unser Gesicht –
wir werden angesehn,
wie wir uns niemals erblickt.

Farben lösen sich auf ins Nichts
und werden bunter,
und alles wird ohne Gestalt erst
vielgestalt.

Wir nennen Höhe, was wir erklimmen,
aber wie nennt die Höhe sich selbst?
Immer sieht uns ein Anderes an,
das wir anders benennen.

Werden heißt:
immer mehr von sich
und der Welt zu verlieren.

Konstantin Wecker

Auf der Suche nach dem Wunderbaren

Auf der Suche nach dem Wunderbaren
war ich meistens aller Wunder bar,
und ich musste schmerzhaft oft erfahren,
dass nur selten etwas Wunder war.

Meistens schon am nächsten schweren Morgen,
schweren Kopfes, schwer verwirrt,
wusste ich, beschwert von Sorgen:
Hab mich wieder mal in dunkler Nacht verirrt.

Später dann, nach viel durchlebten Toden,
hab ich mich dem Wunder ganz versagt.
Bin erklärbaren Modellen und auch Moden
ohne Tiefe hinterhergejagt.

Aber tief im Innern war etwas verborgen,
was sich nicht betäuben und verstecken ließ,
eine Hoffnung auf ein unerhörtes Morgen,
auf ein unerschlossnes Paradies,

so als würd etwas im Innern thronen,
was sich außen niemals offenbart,
nicht in Diademen, nicht in Königskronen,
eine Schönheit völlig andrer Art.

Auf der Suche nach dem Wunderbaren
ließ ich mich oft auf Verblendung ein,
manchmal aber durfte ich erfahren,
diesem Wunderbaren eins zu sein.

Und es ist kein Traum und auch kein Ort
und schon gar kein Taschenspielertrick,
es ist Klang und Ton, gelebtes Wort,
es ist einzig deine Sicht, dein Blick!

Ja – es ist der unbekannte Morgen
und das unerschlossne Paradies,
nicht zu kaufen und nicht mal zu borgen,
dieser Schlüssel zu dem dunkelsten Verlies,

das dein Herz und deine ungesungnen Lieder
fest gefangen hält durch Wahn und Zwang.
Wenn du ihn gefunden hast – nie wieder
wirst du fremd dir sein.
Dann bist du dein Gesang.

Bibliografische Information der Deutschen Nationalbibliothek
Die Deutsche Nationalbibliothek verzeichnet diese Publikation
in der Deutschen Nationalbibliografie; detaillierte bibliografische
Daten sind im Internet über https://portal.dnb.de abrufbar.

climate-id.com/12559-1708-1001

Verlagsgruppe Random House FSC® N001967

Textnachweis:
S. 129: Gottfried Benn, *Wer allein ist*, aus: Ders., Statische Gedichte
© 1948, 2006 by Arche Literatur Verlag AG, Zürich-Hamburg.
S. 136: Mascha Kaléko, *Memento*, aus: Verse für Zeitgenossen.
Erstveröffentlichung: 1956 Rowohlt Verlag, Hamburg © 2015 dtv
Verlagsgesellschaft, München.
S. 132: Peter Härtling, *Wenn jeder eine Blume pflanzte*, aus: Ders.,
Gesammelte Werke. Band 8. Gedichte, herausgegeben von Klaus
Siblewski © 1999, Verlag Kiepenheuer & Witsch GmbH & Co.KG, Köln.
S. 116: Peter Rühmkorf, *bleib erschütterbar und widersteh*, aus:
Ders., Gedichte – Werke 1, herausgegeben von Bernd Rauschenbach
© 2000 Rowohlt Verlag GmbH, Reinbek bei Hamburg.

1. Auflage
Copyright © 2018 Gütersloher Verlagshaus, Gütersloh,
in der Verlagsgruppe Random House GmbH,
Neumarkter Str. 28, 81673 München

Umschlaggestaltung: Reinhard Berlin
Umschlagmotiv: © customdesigner / Fotolia.com
Druck und Bindung: GGP Media GmbH, Pößneck
Printed in Germany
ISBN 978-3-579-08726-9
www.gtvh.de